Joël Franz Rosell • Beppe Gia

Petit Chat Noir a peur du soir

bayard jeunesse

Petit Chat Noir est tout noir,
de la pointe des oreilles
au-dessous des pattes.
Quand vient le soir et qu'il fait nuit noire,
Petit Chat Noir n'ose pas sortir. Il pense :
« Dans le noir, personne ne va me voir.
Si je me perds, qui me retrouvera ? »

Quand vient le soir,
Petit Chat Noir regarde ses frères et sœurs
partir dans la nuit noire

Petit Chat Noir aimerait lui aussi
connaître la forêt et les hiboux et les lucioles
dont ses frères et sœurs parlent quand ils rentrent.

Alors, un soir, Petit Chat Noir les suit.
Il est fier et un peu ému. La lune ronde,
blanche et magnifique, éclaire la nuit.

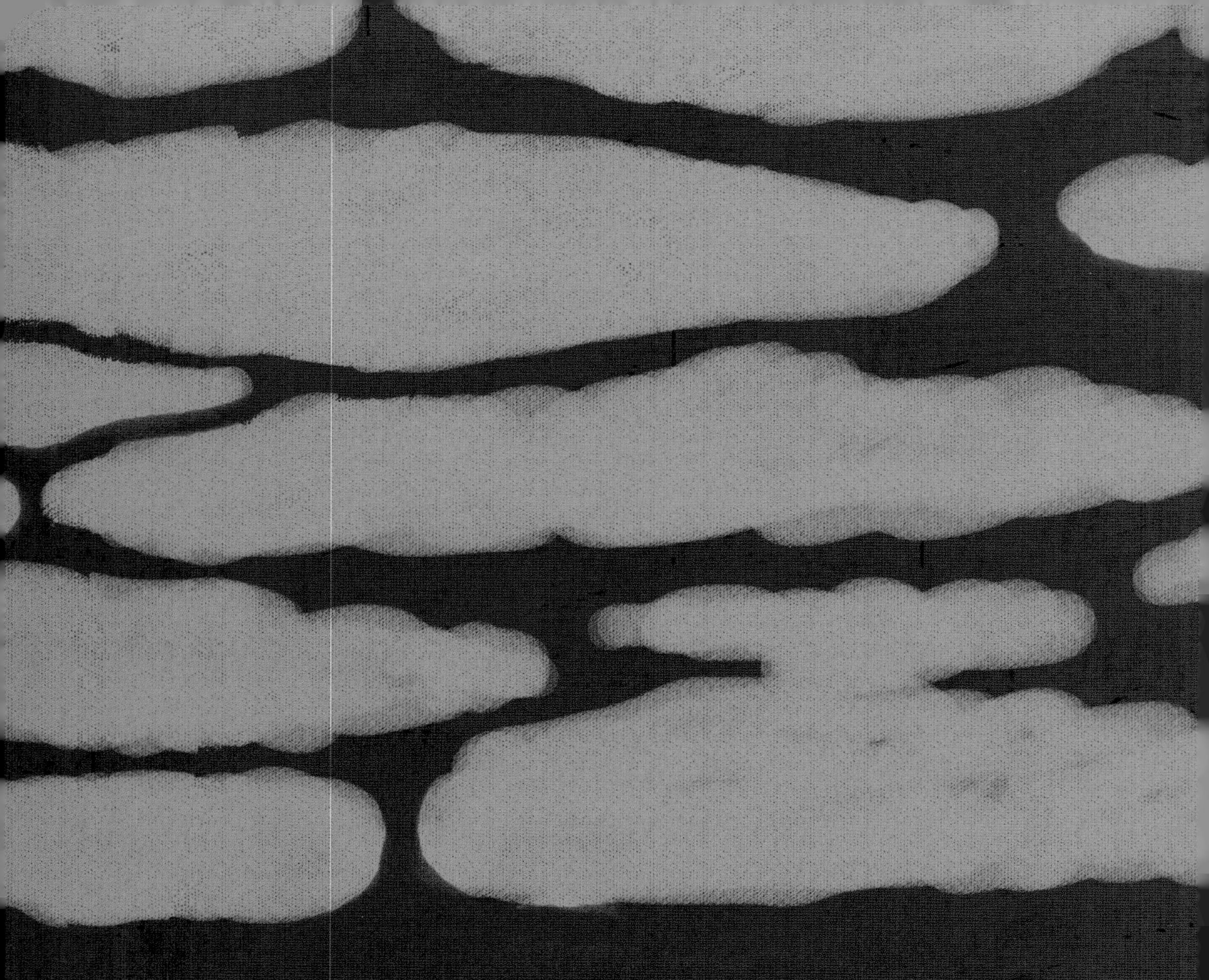

Le vent souffle légèrement.
Les nuages passent, passent devant la lune,
et tout à coup la lune s'éteint

Petit Chat Noir ne bouge plus.
Ses frères et sœurs continuent leur chemin.
Il se sent tout petit, si seul dans le noir.

De peur, Petit Chat Noir ferme les yeux.
C'est alors qu'il entend
une toute petite voix qui dit :
– Qui est là ? Qui est là ?
Petit Chat Noir répond
d'une toute petite voix aussi :
– C'est Petit Chat Noir.
Et il entend encore :
– Tu ne vas pas me faire de mal ?

Petit Chat Noir répond : – Bien sûr que non !
Et là, en ouvrant grand ses yeux de chat,
il se rend compte qu'il voit très bien dans le noir !

Et tout près de lui, Petit Chat Noir voit un lapin.

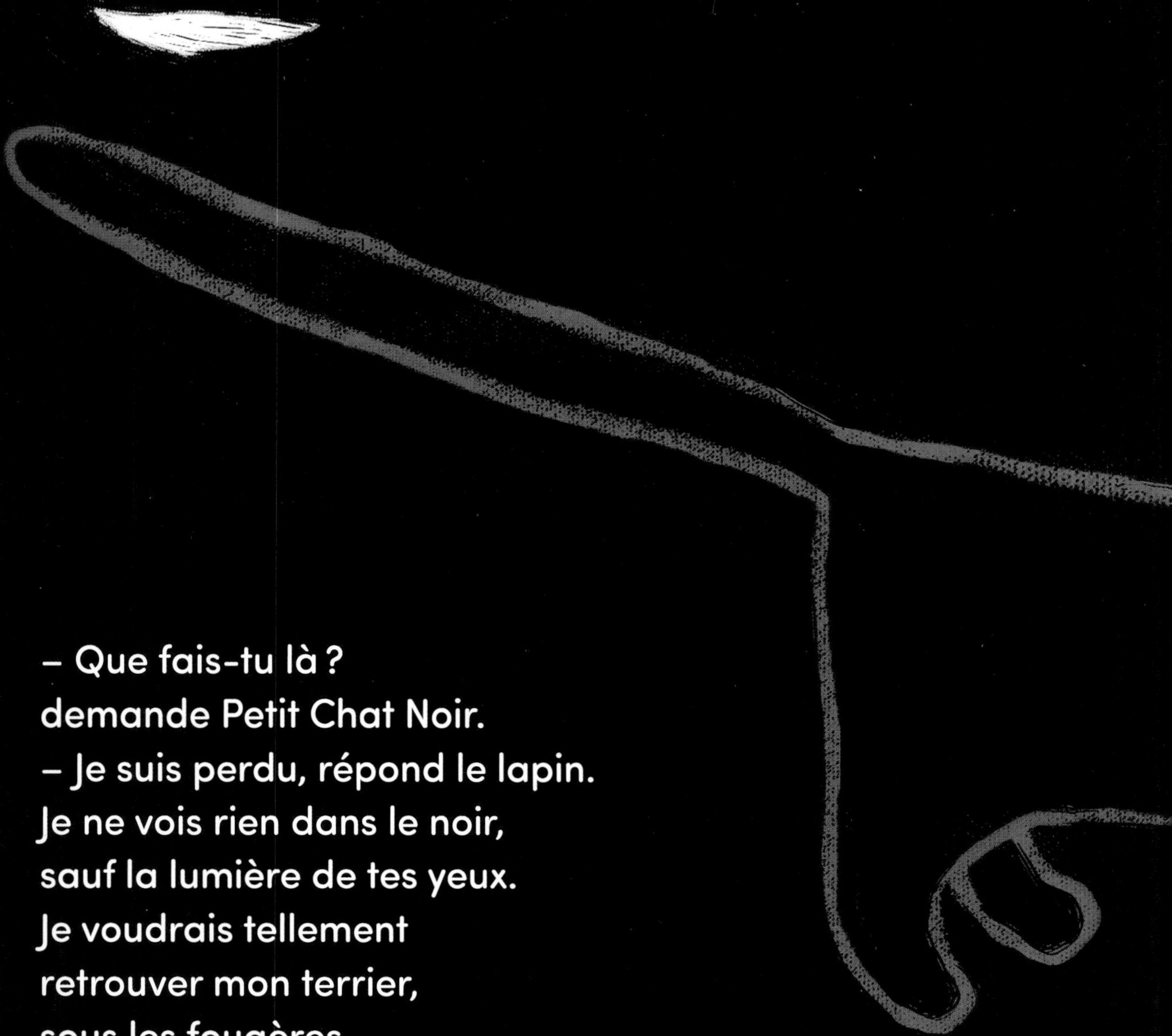

– Que fais-tu là ?
demande Petit Chat Noir.
– Je suis perdu, répond le lapin.
Je ne vois rien dans le noir,
sauf la lumière de tes yeux.
Je voudrais tellement
retrouver mon terrier,
sous les fougères...
Et le lapin se met à pleurer.

– Ne pleure pas,
dit Petit Chat Noir.
Je les vois, moi, les fougères,
ton terrier ne doit pas être loin.
Viens avec moi, je vais te raccompagner !

Ça y est ! Le terrier est retrouvé !
Le lapin remercie Petit Chat Noir cent fois,
et Maman Lapin et Papa Lapin le remercient
cent autres fois.

Ensuite ?
Ensuite, Petit Chat Noir ne rentre pas.
Non, pas tout de suite.
Il part à l'aventure dans la nuit,
où il voit très bien et où on le voit de loin.
Petit Chat Noir n'a plus peur du soir !

Retrouvez dans la même collection

Vous avez aimé cette histoire ?
Découvrez-en de nouvelles tous les mois
dans le magazine Mes premières belles histoires !

Pour en savoir plus, rendez-vous sur www.belleshistoires.com

Les Belles Histoires

Des histoires pour tous les âges !

dès 1 an

Les Belles Histoires des bébés

dès 2 ans

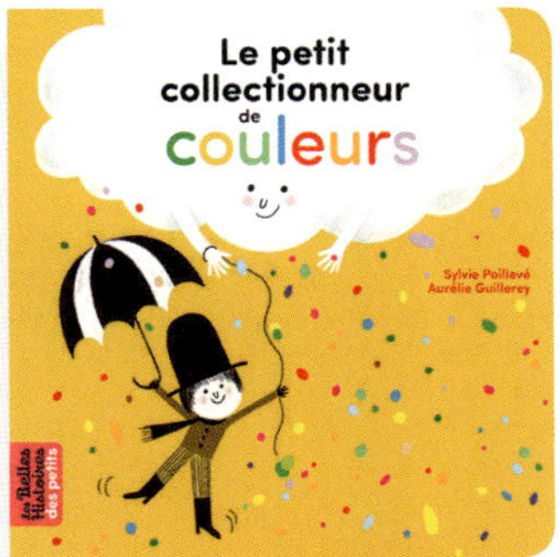

Les Belles Histoires des petits

dès 3 ans

Les Belles Histoires

Illustration : Christiane Hansen